CONSEJOS DE UN SABIO

El legado de

Budaddhasa Bhikkhu

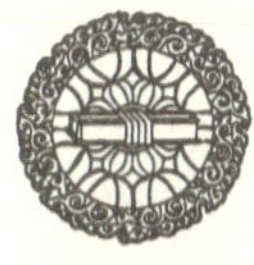

Ediciones Amara. Ciutadella de Menorca

Publicado por vez primera en español en el 2012
por Ediciones Amara. Ciutadella de Menorca.

Título original: "Practical Buddhism. The Legacy of Buddhadasa
Bhikkhu".

© de Amarin Printing and Publishing Co.
© de esta traducción 2012 Shanti Gordi
© Coordinador de la traducción: Isidro Gordi
© Diseño de la portada: Federica Mahieu

Impreso en España / Printed in Spain

ISBN de la obra: 978-84-95094-44-5
Depósito legal: ME. 286-2012
Talleres Gráficos Vigor, S.A.
08980 Sant Feliu de Llobregat (Barcelona)

MENSAJE DE LA UNESCO

"El venerable Buddhadasa Bhikkhu, pionero en la promoción del entendimiento interreligioso a través del diálogo entre la gente de diferentes credos, está reconocido a nivel mundial y entró en la lista de grandes personalidades internacionales de la UNESCO."

"Su énfasis en la interdependencia de todas las cosas hizo de él un precursor del pensamiento ecológico y un defensor de la paz entre las naciones."

Declaración de la UNESCO por el centenario del nacimiento del honorable Buddhadasa Bhikkhu.

CONTENIDO

Por favor, reunid vuestras energías mentales y...
prestad especial atención a lo que será dicho.

Pido que cada uno de vosotros sacrifique
parte de su tiempo y os intereséis más
por esta cosa llamada *Dhamma*.

Lo primero es lo primero: ¿Qué es el Dhamma?

El *Dhamma* tiene muchos significados, todos
íntimamente relacionados unos con otros.
La palabra *Dhamma* denota "el *Dhamma* de Buda",
las enseñanzas del Buda,
y cada particular enseñanza constituye también un
"*Dhamma*".

Después de su Iluminación, el Buda enseñó la
verdadera Naturaleza de las cosas,
Así que el término *Dhamma* también se refiere
a solo eso: la verdad natural.

Dejaremos que sea el propio Buddhadasa quien
nos explique cómo ve el *Dhamma* en las siguientes
páginas...

Buddadhasa define el Dhamma

El *Dhamma* implica todas las leyes de la Naturaleza
La palabra *Dhamma* abarca:

1. La Naturaleza en sí misma.
2. La ley de la Naturaleza.
3. El deber de cada ser humano de actuar según la ley de la Naturaleza.
4. Los frutos o beneficios obtenidos por la práctica de ese deber o actuar acorde a la ley de la Naturaleza.

Distinguir estas cuatro interpretaciones del *Dhamma* hace que el estudio del *Dhamma* se haga de manera conveniente y con entendimiento. Y practicar de manera correcta, nos permite vivir la vida en armonía con la Naturaleza, libre de problemas.

El *Dhamma* es igual para todos; es universal.

El *Dhamma* está en todas partes... en grandes cantidades y como un incesante abastecimiento de flores en un jardín público.

Los árboles pueden hablar.

Ellos constantemente dan charlas de *Dhamma*
–sobre nuestro deber, la ley de la Naturaleza, la paz
y la locura de la humanidad–
pero el hombre nunca las oye.

El Dhamma no se puede dividir de modo que pertenezca a una religión.

Sin embargo, misioneros de diferentes religiones siguen propagando, creando divisiones y sosteniendo una religión particular como la suya. Está el elogio de uno mismo y la condena a los demás, diciendo que solo existe la religión de uno y que es la correcta y buena. Este tipo de trabajo misionero, incluso si se lleva a cabo en todo el mundo, no puede ayudar de ninguna manera al mundo a ser libre, porque todavía no es digno de ser llamado *Dhamma*.

El corazón de cada religión es la enseñanza de destruir el egoísmo, la avaricia y las ideas egoístas.

Ninguno de los grandes maestros religiosos dio un nombre personal a sus enseñanzas, como hacemos hoy. Simplemente nos enseñaron cómo vivir de manera altruista.

Todas las religiones o escuelas intentan encontrar maneras de predicar y practicar que se ajusten a ellos mismos. Al principio, no eran hostiles con nadie.

Debemos considerar que, en este mundo o en cualquier otro, solo hay una religión:
la religión de la verdad de la Naturaleza.

Aquél que ve la última verdad, no ve una "religión".

Solo hay una Naturaleza, la cual podemos llamar como queramos. Podemos llamarla *Dhamma*, podemos llamarla verdad, podemos llamarla Dios, Tao, o lo que queramos pero no debemos particularizar ese *Dhamma* o esa verdad como budismo, cristianismo, taoísmo, judaísmo, sikhismo, zoroastrismo o islamismo ya que no podemos capturarlo ni limitarlo con etiquetas y conceptos. Aún y así tales divisiones ocurren porque la gente todavía no ha asimilado esta desconocida verdad. Solamente han alcanzado los niveles externos.

Ahora todas las doctrinas, los llamados –ismos en el mundo, huelen demasiado a "yo sólido".

Aunque las religiones aparentemente tengan un semblante diferente, la gente inteligente sabe que la esencia interior es la misma, sin importar lo diferentes que sean las formas externas. Es como el agua. La Naturaleza esencial del agua siempre es la misma, no importa lo sucia que se vea desde fuera. Son los otros sucios elementos los que contaminan el agua. No nos debemos fijar en estos elementos. Cuando lo hacemos significa que bebemos agua sucia, tragamos suciedad, orina, excrementos y no agua pura.

Desafortunadamente, el mundo tendrá varias religiones. No solo puede ser una.

Para beneficio del mundo, uno debe esforzarse para obtener la esencia de su propia religión y perseguir una mutua comprensión entre todas las religiones.

El Dhamma en dos tipos de idioma

El lenguaje de la gente es la verdad convencional, el Dhamma es la verdad última.

El Dhamma es difícil de explicar porque los idiomas humanos son limitados.

No tenemos palabras para expresar las cosas que la gente nunca ha conocido. Así pues, debemos hablar y escuchar con convicción hasta que podamos entender y distinguir entre el significado del Dhamma convencional y el último.

Hablamos del lenguaje del pueblo y el lenguaje del Dhamma para distinguir entre los asuntos materiales y los espirituales y así poder hablar sobre ellos correctamente; entenderlos correcta, profunda y ventajosamente. No los mezclemos o les demos la vuelta, esto solo nos conducirá al mareo.

Si una persona habla el lenguaje del dinero y otro el del Dhamma, ¿cómo se entenderán en este mundo?

Los budistas deben aprender ambos idiomas; el del Dhamma y el del pueblo.

El sistema de utilizar los dos tipos de idiomas es realmente imprescindible en el estudio y enseñanzas del Dhamma porque el Buda enseñó el Dhamma

en el lenguaje de la gente común y en el lenguaje de
aquellos que comprenden el *Dhamma*.

Por ejemplo, el Buda dijo en el lenguaje del pueblo:
"El yo es el refugio del yo", pero en otro sitio,
hablando en el lenguaje del *Dhamma*, dijo:
"El yo sólido realmente no existe".
Debemos escuchar con atención. Si no lo hacemos,
no entenderemos una palabra y pensaremos que se
está contradiciendo. Si sabemos cómo escuchar
en el lenguaje del *Dhamma*, no habrá ninguna
contradicción o conflicto. Así pues, debemos
observar esta distinción detenidamente en nuestro
estudio, enseñanza y conversación; de lo contrario, la
confusión hará acto de presencia.

El cuerpo y la mente dependen uno del otro.
No se debe sostener que uno u otro son la parte más
relevante.

En el idioma del *Dhamma*, decimos que la mente es
como un lisiado con buenos ojos mientras el cuerpo
es como un ciego que es fuerte y apto.

El Dhamma
es esencialmente científico

Muchos aspectos del budismo, en particular las Cuatro Nobles Verdades[1], son científicos en el sentido de que pueden ser verificados a través de pruebas experimentales. Para cualquiera que esté equipado con discernimiento e interesado en estudiar y llevar a cabo una búsqueda, las relaciones de causa y efecto están ahí, como en la ciencia.

El Dhamma del Buda es esencialmente científico, no filosófico,
la gente mundana lo estudia como filosofía y, por lo tanto, no se benefician de él en ningún caso.

En Occidente comparan el budismo con varias escuelas de pensamiento filosófico, formulando razonamientos en términos de lógica y generan preguntas como; "¿Por qué es así?" y "¿Por qué es asá?" Cuando se responde, entonces llega otra pregunta: "Otra vez, entonces, ¿por qué es así?" Esto es un verdadero sinsentido.

Aprende el modo de práctica que forma el núcleo de la religión; no la aprendas como algo filosófico.

---

[1] Ver más adelante pág. 19.

Estudiar *Dhamma* como filosofía utilizando los principios de la filosofía nunca será realmente *Dhamma*. Es solo filosofía, la cual es una palabra totalmente diferente. La filosofía utiliza el razonamiento de la especulación. El *Dhamma* utiliza el razonamiento de la experiencia espiritual directa.

La ciencia es el estudio de la verdadera Naturaleza de las cosas, la filosofía es el estudio de las hipótesis.

.Si aprendemos de la Naturaleza, tenemos el derecho de alcanzar una conclusión satisfactoria. Este camino tiene un final. Estudiar de un modo filosófico no te permite nunca llegar a un final. Constantemente proliferan nuevas suposiciones, nuevas preguntas, nuevas hipótesis y nuevas opiniones.

Estudiar el Dhamma

El Buda no quiere que sepamos más de lo necesario

El Buda dijo: "Sea en el pasado o en el presente, Yo solo enseño los asuntos del *dukkha* y su completa extinción."
Así pues, será mejor que no malgastemos más tiempo en estudiar, cuestionar y debatir otros asuntos que no sean estos dos.

Si nuestro objetivo es la eliminación de *dukkha*, entonces debemos saber todo lo necesario sobre esta cuestión. Es inútil preguntar, "¿Por qué debe ser así?, y, ¿Por qué debe ser asá?" Un granjero solo necesita saber exactamente qué tipo de suelo debe utilizar para que sus cosechas florezcan y den fruto. Él no necesita saber; "¿por qué ha sido así? Para él no importa el porqué.

DUKKHA

Dukkha es más conocido por su traducción como "sufrimiento", aunque incluye mucho mas. Cualquier sensación de dolor, enfermedad, frustración, dificultad, estrés, odio, pena, o cualquier forma de descontento o insatisfacción es *dukkha*. Sin embargo, los sentimientos positivos también son considerados *dukkha*, dado que son fugaces, sujetos al cambio y no generan ningún tipo de satisfacción permanente. *Dukkha* en su más amplio sentido es el estado general de imperfección que está llamado a estar en este mundo como un individuo no-Iluminado.

No es necesario saberlo todo

Por mucha información de que dispongamos, es irrelevante. Debemos saber solo las cosas que son necesarias para comprender y que cuando se saben, libera a la mente de todos los problemas.

El cese del *dukkha* no depende de la existencia del Buda.

Estudia solo una cosa

No pierdas el tiempo estando triste o pensando que no has estudiado los diferentes tipos de budismo. Exceptuando *dukkha* y su extinción, nada requiere nuestro interés o atención.

Qué es verdaderamente el budismo

El budismo es una religión basada en la inteligencia, el conocimiento y la ciencia, cuyo propósito es la destrucción de *dukkha* y su causa.

Desafortunadamente, el Dhamma, la auténtica enseñanza que una vez fue suprema, ha quedado tan oscurecido a causa del ceremonial que el objetivo primordial del budismo ha sido falsificado y cambiado.

Los homenajes a objetos sagrados por medio de llevar a cabo rituales, hacer ofrecimientos o rezar, no son budismo.

Rezar porque tenemos miedo o porque queremos que nos toque la lotería es dar la espalda al budismo.

No debemos agarrarnos tontamente a la cáscara externa, o sentir tanto apego a los rituales y ceremonias que el objetivo real se pierda y sea difícil verlo.
La verdadera práctica del budismo está basada en la purificación de la conducta y la mente, la cual nos conduce a una comprensión correcta.
No pensemos que esto o aquello es budismo solo porque los demás nos digan que lo es.
El tumor en el budismo no debe ser confundido con el budismo de verdad.

¿Qué podemos esperar del Dhamma?

El Dhamma puede solucionar todos los problemas que el mundo crea,
pero no puede solucionarlos por sí mismo. El mundo está lleno de problemas a causa de los engaños del hombre. Si el hombre intenta vencer los engaños con engaños, el éxito es imposible.

Engaños

Los objetos mentales que manchan y deslucen la mente de su subyacente forma pura son llamados "engaños mentales", o a veces solamente "engaños". Las tres categorías principales de dichos objetos que enturbian la mente son la *codicia* (deseo egoísta), *el odio* (pensamientos hostiles y sentimientos de aversión) y la *ignorancia* (creer en falsedades, no ver la verdad).

El Dhamma protege a los hombres del comportamiento animal.

Si realmente podemos comprender la esencia del Dhamma, debemos sentir que todas las vidas son una y que todos nosotros estamos hechos de la misma sustancia esencial. Por lo tanto, no podemos odiar ni matar.

El Dhamma existe para ayudarnos a vivir victoriosamente por encima del mundo.

Escapar de este mundo no está hecho para nosotros pero sí que podemos estar por encima de su influencia para que no nos ahogue aún más.

Dejemos que el Dhamma exista en el mundo y así lo salvará.

Debemos encarar el Dhamma y dar la espalda a su enemigo, el materialismo. Esto es todo.

Nuestro comportamiento
Casi humano

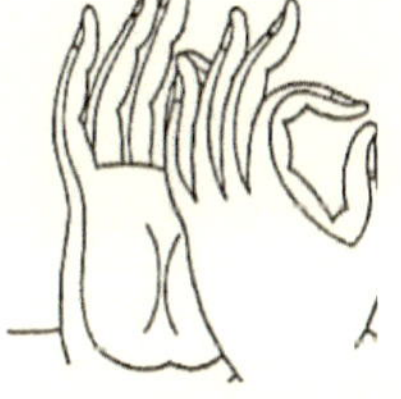

Hay un discurso en el cual el Buda culpa a aquellos
que "se regocijan en los placeres incorrectos,
son demasiado avariciosos y se apoyan en falsas
doctrinas". Encuentran un gran placer en el lugar
equivocado y son demasiado egoístas.
Carecen completamente de atención y, por
consiguiente, su codicia se ha vuelto más intensa y
excesiva.

Aquí tenemos el deber de mirarnos a nosotros
mismos. ¿Hay gente en el mundo hoy que no
disfrute excesivamente con placeres incorrectos,
comportándose de forma egoísta y apoyándose en
falsas doctrinas o teorías?

Los cuatro requisitos de la vida, llamados vestimenta,
comida, cobijo y medicina, ahora se han convertido en
herramientas u oportunidades para aprovecharse de
la gente; y este es el origen de la infernal situación del
mundo actual.

*Por culpa del materialismo, nuestro mundo actual está
lleno de problemas.*

Las cosas son más peligrosas que el fuego; por
lo menos podemos ver un fuego arder para no
acercarnos demasiado.
Desgraciadamente, las cosas son como fuegos que
no podemos ver. Por consiguiente, voluntariamente
nos acercamos demasiado a fuegos diversos, lo cual
es inevitablemente doloroso.

*El mundo actual progresa en cultura materialista
como una epidemia.*

La cultura materialista aplasta la cultura espiritual
de tal modo que hace descender a este mundo hasta
el infierno. Por lo tanto, debemos ayudar a que el
mundo recupere el *Dhamma*, o cultura espiritual,
lo más rápido posible.

*Necesitamos tanto la comida material como la
espiritual, ya que no solo tenemos un cuerpo sino
también una mente.*

La cultura espiritual deber ir de la mano de la cultura
materialista para poder controlar el progreso material
del hombre, para que no resulte venenoso.

Felicidad y hambre

Lo que nos engaña más es aquello que llamamos "felicidad".

La felicidad por la que la gente común está interesada comprende la satisfacción de un apetito o deseo particular. Esta es la típica comprensión de la felicidad. En el *Dhamma*, sin embargo, la felicidad es la ausencia de deseos y apetitos.

Así pues, hay dos tipos de felicidad: la felicidad que es dependiente y la que no lo es, la felicidad que te hace esclavo y la que te hace libre.

Como ley de la Naturaleza, o como una verdad absoluta, la felicidad nace de la satisfacción con la seguridad de uno y la propia virtud. La felicidad que nazca de cualquier otro modo es felicidad falsa que ha nacido del engaño mental y que la gente, hoy en día, rinde culto con un velo en los ojos.

Ellos quieren cantidades ilimitadas de bienes materiales de lujo para su propio consumo. Incluso ahorran para ir a la Luna o a Marte o cualquier otro planeta con el cual se hayan despertado ese día. Simplemente no hay límites a la hora de desear y es esta excesiva codicia la que es desagradable e inmoral. La inmoralidad misma puede causar *dukkha*, creando una situación caótica en este mundo.

La palabra "exceso" también podría llamarse "más de lo necesario". Es la causa de todos los disgustos, dificultades y problemas del mundo.

Uno debe considerar que la búsqueda de más de una necesidad es una fuente de *dukkha* y tormento propio y una fuente de problemas para otras personas de todo el mundo.
¡Pensad en ello! Apoyarse en falsas visiones como esas, significa reconocer algo como incorrecto, y aún así desearlo sin un sentimiento de miedo o vergüenza; todo porque los engaños son predominantes y abruman la mente.

La felicidad basada en la satisfacción del apetito es inútil y nunca podrá ser satisfecha.

Lo que sea que satisfaga al apetito va a cambiar de un modo u otro en el futuro, haciendo que dicha satisfacción sea efímera e ilusoria. El apetito regresará. El propio apetito cambia también y, por lo tanto, nunca podrá ser satisfecho. Esta situación es interminable.

Imaginad, si podéis, que sois los amos del mundo, del universo, de todo el cosmos. Ahora que sois dueño de todo, ¿ha cesado el apetito? ¿Puede parar? ¿No desearéis un segundo universo? ¿Y un tercero?

El deseo interminable por cosas cada vez mejores para un uso propio no es el objetivo del budismo.

La excesiva codicia es moralmente ofensiva, de hecho, en el cristianismo también ocurre así. La religión cristiana enseña que "poseer más de lo necesario" es pecado. Los que intentan adquirir cosas de manera excesiva, lo logran a expensas del bienestar de los demás; mientras ellos, irónicamente, están atrapados en la miseria de tener que tratar con su codicia.

La felicidad física no conduce a ninguna parte, como mucho te lleva a estar lleno y gordo.

Nadie en el pasado, presente o futuro ha sido o será saciado por cosas mundanas. Es así porque el reino del mundo requiere la "insatisfacción" como combustible para el contento. Tan pronto os sentís llenos, la fiesta se acaba. No importa cuánto busquéis, nunca saciaréis los "fuegos del ansia" porque cuando esas flamas empiezan a amainar, salís a por más leña sin dejar tiempo para la verdadera satisfacción.

La búsqueda de la felicidad física conduce a la guerra; la búsqueda de la felicidad espiritual lleva a la paz.
Mientras el mundo continúe adorando al materialismo y esté atrapado en la búsqueda de felicidad física, no puede haber esperanza por la paz.

Echad una ojeada a vuestro alrededor y observad cómo hay guerras en todas partes.
No tardaréis en daros cuenta de que la excesiva codicia de los seres humanos es el factor instigador que da lugar al estallido de la guerra.

Si la gente vive correctamente según los patrones del Buda, entonces, aunque se den algunos placeres con colores, formas, sonidos, olores y gustos, lo harán con una constante atención y correcto conocimiento. No dejarán que la codicia se vuelva excesiva.

Incluso si un hombre disfruta de la vida al máximo y persigue placeres materiales hasta la saciedad es, de hecho, semi-humano. Para ser un ser humano hecho y derecho o para alcanzar la cima del potencial del hombre, uno debe ser espiritualmente perfecto.

La ciega búsqueda del conocimiento

Cegados por el resplandor de la ignorancia, no somos capaces de pensar claramente y no estaremos en posición de vencer el dukkha.

Perdemos nuestro tiempo con trivialidades indignas de nuestro respeto. Nos encaprichamos de la sensualidad, tomándola como algo excelente y esencial.

Ignorancia

La *ignorancia* es la raíz principal de todo el mal y sufrimiento en el mundo, cubre los ojos mentales del hombre impidiendo que vea la verdadera Naturaleza de las cosas.
Es no conocer las Cuatro Nobles Verdades.

Hoy en día estamos demasiado familiarizados con los tópicos sin sentido, tanto que nos vemos en la posición en la cual nuestros cerebros están desbordados por conocimientos y sin embargo fracasan en la labor de conducir nuestras vidas de manera segura.
Nuestras mentes... realmente no han visto su verdadero ser. Solo nos las arreglamos para ver las cosas en sus formas externas y fracasamos a la hora de discernir su verdadera Naturaleza. Así pues, nos

convertimos en gente que parece que sabe mucho y sin embargo fracasamos miserablemente en la vida.

No sabemos dónde y cómo debemos aplicar nuestro conocimiento. Solo lo aplicamos en nuestros esfuerzos para satisfacer los sentidos, los que sentimos cuando comemos o bebemos. Es un hecho obvio que solo hacemos uso de nuestro conocimiento como medio para ganarnos la vida... apegados a las cosas ciegamente.
Nos vemos arrastrados a una situación como ésta por culpa de nuestra propia ignorancia.

La educación en el mundo puede ser asemejada a un perro sin cola, porque solo las asignaturas académicas y vocacionales son enseñadas pero cómo comportarse como un correcto ser humano, no.

El mundo pierde mucho tiempo en estudiar cosas como el arte, la arqueología, la historia, la geografía, la ciencia y otras formas de civilización material, las cuales tienen poco que ver con la extinción de *dukkha* en la humanidad. Y tendemos a perdernos en ellas. Debemos buscar y estudiar correctamente solo aquellas asignaturas relacionadas con la extinción de *dukkha*.

Todo conocimiento científico no sirve de mucho al hombre, a no ser que sea para ayudarle espiritualmente.

Para los occidentales, ”Dios está muerto”, dicen. “No hay necesidad de creer en nada”. Por lo tanto, solo les queda la tecnología.

Todas las ciencias se han convertido en esclavas de
la tecnología, con el único propósito de servir a nadie
más que a la propia tecnología.

A través de la tecnología, podemos buscar y obtener
lo que queramos en lo que a lo material se refiere.
Incluso podemos ir a la luna o hacer casi todo lo que
deseemos según los caprichos que tengamos. Todo
parece posible, pero el significado de la vida parece
estar más allá de nuestro alcance;
el despertar espiritual y la Iluminación simplemente no
están presentes en nuestras mentes.

Nadie se ha iluminado en la universidad

No creo en vuestra educación.

Si se le tiene que llamar alta educación, entonces os
diré claramente que es una educación para niños que
se chupan el dedo.

El propósito de la "educación" o el "estudio" desde
mi punto de vista es conocerse a uno mismo de
manera clara, correcta y completamente hasta que
este conocimiento sea beneficioso para todo el
mundo.

Coge el *Dhamma*, ideado para ser estudiado en el
bosque, y estúdialo en la universidad: acabarás con
un prestigioso trocito de papel.

Las prisiones de la vida

Estamos obligados a caminar por esta vida adheridos a la ley de la Naturaleza. Debemos buscar comida, ejercitarnos, descansar y relajarnos, y debemos trabajar para mantener nuestras vidas; debemos hacer estas y todas las demás cosas que sabéis muy bien. Estamos forzados a hacerlas. No hacerlas es imposible. Esto es una prisión. El hecho de que siempre debamos seguir la ley de la Naturaleza es un tipo de prisión. ¿Cómo vamos a escaparnos de esta prisión tan particular?

Los instintos son una prisión.
Estos instintos nos fuerzan constantemente a seguir sus preocupaciones y necesidades.

Esto es especialmente cierto con el instinto sexual.

Realmente podemos controlar los instintos animales que hay dentro de nosotros.

Los placeres sexuales son recompensados con la reproducción, no os intereséis demasiado o acabaréis esclavos de ellos.
Cada tipo de placer sensual es solo "locura momentánea", pero los humanos e incluso las deidades siguen adorándolos ciegamente. Incluso alzaron a Cupido como uno de los dioses.

Incluso el instinto de la jactancia puede dirigir
nuestras vidas.
¿Por qué tenemos tantas camisetas bonitas y pares
de zapatos?
El instinto de jactarnos es el más divertido y ridículo
de todos. Sigue siendo una prisión.

Los sentidos son una prisión.

Considerad si alguno de vosotros no es esclavo de
los sentidos. Y los servís gustosamente,
¿no es así?
Vosotros resistís las penurias y os inclináis para
poder servirles, siempre buscando modos de que
los ojos, las orejas, la nariz, la lengua, el cuerpo y la
mente estén cómodos y felices, como si estuviésemos
obligados a hacerlo.
Por lo tanto, debemos admitir que somos esclavos.
Los que carecen de sabiduría serán esclavos de los
sentidos y continuarán atrapados en su prisión.

Si el mundo ha de ser destruido o lo que sea que el
futuro le depare, dependerá de este aferramiento a
los sentidos.

La superstición es una prisión.

La superstición es para aquellos que están casi dormidos,
que no entienden correctamente, que son ignorantes.

Aunque la superstición ha disminuido gracias al
progreso de la ciencia, sigue habiendo bastante en
templos e iglesias.

Tened cuidado con la palabra "sagrado". Se convertirá en una prisión antes de que lo sepáis. Cuanto más sagrada es una cosa, más nos encarcela.

No debemos convertir el hacer el bien o el mal en prisiones.

Estudiamos el *Dhamma* y desarrollamos la mente para destruir las prisiones que ahora nos atrapan.

El hombre está en guerra con Dios

Todas las disputas referidas a Dios serían eliminadas si la gente se pusiera de acuerdo para cambiar el estatus de Dios, de personal a abstracto o impersonal, esta es la más poderosa ley de la Naturaleza.
Esto puede hacerse cogiendo como principio la idea que las leyes de la Naturaleza, especialmente la ley de causa y efecto, pueden llevar a cabo las distintas funciones de Dios.

Dios creo al mundo con Dhamma.

Pero la gente en el mundo, mientras crean cosas sin Dhamma, compiten inconscientemente con Dios.

El hombre está en guerra con Dios

El hombre busca y tiene más cosas de las que necesita, y más de las que Dios quiere.
El hombre insiste en confirmar el dicho: "Ojo por ojo y diente por diente".
El hombre rinde culto a la felicidad de la carne más que a Dios.
La Naturaleza y los fenómenos naturales de cualquier tipo pertenecen a Dios.
El hombre ha robado lo que pertenece a la Naturaleza y se lo ha adjudicado diciendo "es mío": mi

tierra, mi mujer, mis niños, todo "mío".
Incluso esto es hacer la guerra con Dios y
comportarse como un ladronzuelo.
La gente quiere conquistar a Dios para poder hacer
lo que quieran, de manera egoísta, y haciéndolo,
elevan los engaños mismos a la posición de Dios.

Vestirse debería ser solo un requisito para vivir, no
como tentaciones sexuales o el engaño.
Debemos comer comida en buen estado y con
atención. No debería haber indulgencia como es el
caso normalmente.
Nuestras viviendas, vehículos y electrodomésticos no
deben intoxicarnos y llevarnos al pensamiento falso
de que somos dioses.

La cultura materialista, la cual adoramos más que a
Dios, es una barrera entre Dios y nosotros y hace
que lo odiemos y que nos establezcamos nosotros
mismos como dioses.

Más allá del dualismo

Básicamente, los seres humanos estamos sujetos
a solo dos tipos de estados mentales: agrado y
desagrado,
que corresponden a emociones placenteras o
desagradables.
Somos esclavos de nuestro humor y no tenemos la
libertad real simplemente porque no conocemos su
verdadera Naturaleza.

Si podemos dominar las sensaciones, seremos
capaces de dominar el mundo

Las causas de todo en el mundo están centradas en
sensaciones físicas y mentales. Nuestros estados
físicos y emocionales nos fuerzan a desear y luego
actuar según esos deseos.

Todas las cosas son aparentes y no debemos caer
en el engaño de que nos gusten o dejen de gustar.

Mientras a nuestra mente le siga gustando esto o
aquello, no hay modo de que pueda ser purificada y
liberada de la tiranía de las cosas.
Este agrado o desagrado por las cosas es parecido
a un bulto cancerígeno, cubre nuestros corazones y
mentes con una creciente severidad lo cual evita que
la luz de la verdad espiritual pueda perforarlos.

*"Lo mejor" no puede estar solo. No va a ninguna
parte sin su socio "lo peor".*

Por lo tanto, nuestra fijación en lo mejor es
meramente perpetuar el hambre. La mente debe estar
más allá del bien y del mal, por encima de "lo mejor y lo
peor".

*Este asunto de bueno-malo, felicidad-miseria y
virtud-pecado todavía no es la paz.*

Tanto el mal como el bien son puramente
despreciables. Quien quiera paz deberá escapar
del bien y del mal y estar por encima del pecado y la
virtud.

En el nivel más bajo, nosotros evitamos el mal; en el
nivel intermedio, hacemos todo lo posible por hacer el
bien; mientras que en el nivel más alto, hacemos que la
mente flote por encima del dominio del bien y del mal.

*Más allá del significado de la dualidad, eso es la
libertad.*

El corazón del budismo se encuentra en la primera
página de la Biblia: "No debes apegarte al bien o el
mal; de lo contrario, moriréis."

Las leyes de la Naturaleza

Nada es permanente

Solo hay efectos que surgen de causas, desarrollados en virtud de las causas y terminando con el cese de esas causas. Todos los fenómenos son simples productos de causas. El mundo es solo un flujo perpetuo de fuerzas naturales interactuando y cambiando sin parar.

En el curso del tiempo, todo es sometido a cambios, cesan de ser y luego puede que aparezcan de nuevo. Este proceso continua mientras las condiciones necesarias estén ahí.

Todas las cosas son transitorias y fugaces, por lo tanto insatisfactorias. Nunca nos podrán pertenecer y sin embargo vamos directamente, como locos, aferrándonos a ellas y ansiándolas. En otras palabras, actuamos de manera inapropiada o de un modo no acorde a la Naturaleza de las cosas.

Nuestros esfuerzos son un intento de oponernos y resistirnos a la ley del cambio; y la vida, como intento de hacer que las cosas vayan según nuestros deseos, está cargada de dificultades y *dukkha*.

La ausencia del "yo sólido" es la esencia del budismo

Si nos concentramos en encontrar alguna noción filosófica que pueda ser nuestra guía espiritual y nos pueda guiar a la verdadera liberación, nos encontraremos con que, de hecho, la filosofía de la ausencia de un yo sólido o concreto es aquella guía espiritual que nos conduce hacia allí.

El mundo es vacío.

¿Vacío de qué? Vacío de un "yo sólido" y cualquier cosa perteneciente a dicho "yo"
Son irreales, meras ilusiones.

Todos los fenómenos existen pero no son "sólidos ni concretos". No deberías "aferrarte a ellos y convertirlos en sólidos y concretos, esto enredará nuestras mentes, nos atrapará para siempre y nos atormentará sin dilación.

El que confunde las cosas vacías por reales es uno que no entiende o... es alguien que se construye un almacén de *dukkha*.
El lenguaje hablado con un "yo" sólido es el lenguaje del pueblo; las palabras habladas sin ningún ssentido del "yo" sólido son el lenguaje del Dhamma.

Una doctrina que sigue enseñando que existe una "entidad sólida" siempre acabará conduciendo al egoísmo y no será capaz de eliminar *dukkha*, porque el egoísmo surge de los engaños.

No apegarse a las cosas como mías o suyas y, en lugar de eso, ver cómo las cosas pasan según las causas y los efectos, no tiene nada que ver con el nihilismo. De hecho, es algo totalmente distinto. Por favor, comprended esto correctamente y así seréis capaces de entender el corazón del budismo: nada debe tomarse como un "yo" o "entidad sólida".

El instinto del egoísmo sigue conduciendo a los pensamientos de la gente laica y aquellos que han sido ordenados monjes. El completo y correcto entendimiento todavía no ha llegado para conducirles.

La gente mundana normalmente solo es consciente de lo que hay "delante de la cortina". Ninguno de ellos ha mirado nunca "detrás de la cortina" o incluso considerar que dicha parte exista. Por lo tanto, asumen de manera natural que todo lo que existe es lo que ellos perciben. Consideran la mezcla del cuerpo y la mente como un yo sólido, con la mente o el alma como centro.
Por lo tanto, el apego a uno mismo se ha convertido en nuestro mayor instinto íntimo y ha dominado al cuerpo y la mente.

Si penetramos debajo de la superficie, vemos que de hecho no hay personas; solo hay elementos físicos y mentales. Bajo esta luz, la persona desaparece... Las ideas del "Sr. A" y "Sr. B", clase alta y clase baja, se disuelven. Las ideas de "mi hijo, mi marido, mi esposa" desaparecen. Cuando nos vemos a nosotros mismo en la luz de la verdad absoluta, solo encontramos elementos: tierra, agua, viento y fuego; oxígeno, hidrógeno y así sucesivamente; cuerpo, sensación, discernimiento, pensamiento y consciencia.

Cuando analizamos los elementos de un ser, nombre, cuerpo, sensación, discernimiento, pensamiento y consciencia, no encontramos una parte que pueda ser un yo sólido o que pertenezca a un yo sólido.

Este "yo sólido", este ego, es solo un concepto mental, un producto del pensamiento.

No hay nada sustancial o permanente sobre el cual esté basado. Solo hay un proceso siempre cambiante fluyendo según las causas y condiciones, pero la ignorancia malinterpreta este proceso y lo entiende como una entidad permanente, como un "yo sólido", un "ego". Así pues, no os apeguéis a los pensamientos y sensaciones basados en "yo" y "mío". Todos los dolores y problemas acabarán en ese momento.

No hay nadie que haga esto y aquello. Solo se trata del movimiento rítmico de la Naturaleza

Muchísima gente mantiene la ingenua creencia que nuestras percepciones crean quienes somos

Las percepciones no tienen yo sólido alguno;
simplemente son un resultado de procesos naturales,
nada más.

Cuando nos aferramos a algo como si fuese un yo
sólido, el resultado es el egoísmo.

Todo tipo de crisis viene del egoísmo

Adicción a las drogas, Sida, contaminación, la
destrucción de la Naturaleza, accidentes de tráfico
y crímenes, vienen todos de la misma fuente; el
egoísmo. Todas las cosas indeseables y malas vienen
del egoísmo. Si enseñamos esto a menudo, debería
ayudar.
La educación debe enseñar este asunto como un
principio central, repetidamente y en cada nivel,
desde la guardería a la escuela primaria y secundaria,
hasta la universidad. Si se enseña en todos los
niveles la generosidad y la destrucción del egoísmo a
niveles altísimos, el mundo tendrá paz.

Cuando uno no siente que tiene un "yo sólido,
propio", ama a los demás automáticamente.
Por lo tanto, no es necesario enseñar sobre el amor.
Hay amor automáticamente.

Debemos enseñar a nuestros hijos para que no sean
egoístas desde muy pequeños. Entonces crecerán
desde la generosidad.

Hay dos modos de cuidar de uno mismo:
con engaños y con sabiduría.

Si se hace con sabiduría, no lo llaméis "egoísmo".
Utilizad otra palabra.

El budismo enseña autorrespeto, autodesarrollo,
auto responsabilidad y autoconfianza.. Esto no es
egoísmo.
Puede que sean beneficiosas para uno mismo, pero
son correctas; por lo tanto, no se le puede llamar
egoísmo. Si hablamos más claro: seguid el yo que no
es egoísta.
El egoísmo conduce a la riqueza de uno mismo y la
generosidad conduce a la riqueza para beneficio de
los demás.

Sabiduría

La sabiduría en el budismo ve y comprende la verdad
última. La sabiduría se acumula mediante chispas
interiores, es decir, percibiendo claramente la
verdad en una situación dada y hacerlo de un modo
tan profundo que queda impregnada en nuestra
comprensión, de un modo que nunca se olvida.
La sabiduría es el factor clave para la Iluminación.

*Cada concepción de "yo soy", "yo fui", o "yo
haré" es simultáneamente un nacimiento. Este es
el significado de "nacimiento" en el lenguaje del
Dhamma.*

*La palabra "nacimiento" se refiere al surgimiento
de la idea equivocada del "yo sólido" o "yo mismo".*

No se refiere al nacimiento físico, como se supone generalmente. La suposición equivocada que la palabra "nacimiento" hace referencia al nacimiento físico es el mayor obstáculo para comprender las enseñanzas del Buda.

En un solo día, uno puede nacer cualquier número de veces en muchas formas diferentes, puesto que un nacimiento tiene lugar cada vez surge cualquier forma de apego a la idea de ser algo.

El nacimiento es dukkha

Si permitimos que el "yo sólido" nazca bajo cualquier aspecto, *dukkha* aparece inmediatamente. Si vivimos simple y directamente en la conciencia del "no ser un yo sólido", es como permanecer en el no nacimiento y nunca experimentar *dukkha*.

Aunque un nacimiento físico haya ocurrido hace tiempo, no hay más nacimiento mental del "yo sólido" y egoísta.

Uno debe ir con cuidado para no dejar que el "yo sólido" saque la cabeza de su matriz.

No hay nada peor que el nacimiento de un pensamiento dominado por la ignorancia.

Abre la puerta al ansia y estas dos son las dos puertas del infierno y de todos los estados del *dukkha*.

Nunca ha habido un "yo sólido y concreto" y nunca ha habido un "mío". Ahora, sin embargo, sabemos que, incluso en retrospectiva, nunca han sido lo que creíamos que eran.

Nunca volváis a caer en ningún "yo sólido" o "mío" en vuestras experiencias. Simplemente dejad de pensar en términos de "yo" y "mío".

Para liberarse de *dukkha* hay que destruir la idea
equivocada del "yo sólido" o "yo concreto" que desea
estar libre de *dukkha*.

Sin nada que se haga pasar por "yo" y "mío", ¿dónde
puede aparecer *dukkha*?
Poseer "yo" y "mío" es el corazón del *dukkha*.

Si dukkha crece en ti, es porque estás muy apegado a algo

La esencia del budismo es entender que no deberías aferrarte o apegarte a nada.

El Buda descubrió la verdad suprema que solo el estado mental libre del apego a tener un yo sólido puede ser considerado el más pacífico, puro y libre de *dukkha*.

Mientras permanezca en la mente de una persona el más diminuto de los apegos a un *yo sólido*, no podrá conocer la liberación de *dukkha*. Eso ocurre solamente cuando ha eliminado completamente su apego al yo sólido.

Cuando llegamos a conocer las cosas del modo correcto, vemos claramente que no son permanentes, que son insatisfactorias y que carecen de una "entidad sólida". Después, inmediatamente llegará la libertad de verse controlado por las cosas.

Entonces el mundo reducido a su verdadera Naturaleza es expuesto ante nosotros.
No apegarse, no aferrarse aparecerá, sin ningún esfuerzo por nuestra parte, como la oscuridad que desaparece cuando se enciende un fuego.

Ver la verdad es conocer profundamente la vacuidad de todas las cosas; la transitoriedad, la insatisfacción y la ausencia de entidad sólida de todas las cosas; conocer profundamente las Cuatro Nobles Verdades.

Hay cuatro nobles verdades en budismo:

1. Sufrimiento (*dukkha*);
2. Las causas que llevan al nacimiento del sufrimiento (*dukkha*);
3. El cese del sufrimiento (*dukkha*) y sus características;
4. La manera de alcanzar el estado del cese del sufrimiento (*dukkha*).

Empezad entendiendo el *dukkha* en sí mismo y continuad escudriñando sus causas. Entended cuáles son las causas, y seréis capaces de conocer el lado opuesto de ellas; entonces sabréis como eliminarlas.

Estas Cuatro Nobles Verdades forman el núcleo del budismo.

Todas las cosas dependen de causas que se han combinado para producirlas.

Las cosas no se eliminan sin antes haber eliminado sus causas.
Esto es un aviso para que no consideremos nada como un yo estático y sólido.

Si bien la gente es diferente unos a otros tanto como un hombre común lo es de un Dios, su cese de *dukkha* es el mismo, a saber, en conformidad con la ley de causa y efecto.

Si uno nace como un hombre rico, tiene el *dukkha* de un hombre rico. Si uno nace como un hombre pobre, tiene el *dukkha* de un hombre pobre.

No ponemos fin al *dukkha* en los monasterios, en el bosque, en casa o en la montaña.

Debemos poner fin al *dukkha* precisamente en la causa del propio *dukkha*. Lo que debemos hacer es investigar y descubrir el modo en que *dukkha* aparece en nosotros cada día y de qué raíz proviene. Luego debemos cortar esa raíz. El *dukkha* de ayer ya ha estado y se ha ido. No puede volver; ya ha cumplido con su propósito. El problema es el *dukkha* que aparece hoy, justo ahora. El *dukkha* que puede que aparezca mañana no es un problema, pero el *dukkha* que ha nacido y está existiendo ahora mismo, debe ser erradicado.

No echéis en falta el pasado y no os preocupéis por el futuro; simplemente obrad correctamente en el presente. Esto es suficiente para evitar *dukkha*.

El *dukkha* puede ser un Maestro mejor que la felicidad, porque *dukkha* nos enseña de un modo más directo y con mayor intensidad. La felicidad nos hace más estúpidos; nos olvidamos de nosotros mismos y no aprendemos ningún valor. Debemos estar agradecidos por tener *dukkha*.

Entonces podemos ver que Las Cuatro Nobles Verdades son información que nos dice claramente; "qué es qué".
Si realmente supiésemos qué es qué, nunca actuaríamos de manera inapropiada; y si siempre actuásemos de manera correcta, es una certeza que nunca estaríamos sujetos al *dukkha*.
Así pues, somos ignorantes delante de la verdadera Naturaleza de las cosas y, por lo tanto, nos comportamos de manera más o menos inapropiada, y luego aparece *dukkha*.

El propósito de la vida

Esta vida tiene un propósito, no es inútil. A alguna gente le gusta decir que la vida no tiene ningún propósito porque no saben cómo ir a por él. Si nosotros sabemos cómo utilizar esta vida como un instrumento para investigar sobre el mundo, sobre las causas del nacimiento del mundo, sobre el cese total del mundo y sobre la práctica que nos conduzca hacia el cese total del mundo, entonces esta vida tendrá un propósito. La vida, pues, es un medio de estudio, práctica y obtención de frutos de la práctica. Es un medio para conocer lo mejor que el ser humano puede y debe conocer: el *nibbana*.

Así que recordad, esta vida tiene un propósito.

La respuesta a la pregunta, ¿"Por qué nacimos?" la encontraréis en este proverbio budista:

"Nuestra existencia condicionada es totalmente miserable. El *nibbana* es la mayor de las bendiciones."

Nibbana

El *nibbana* es más conocido como "nirvana", su equivalente en el lenguaje sánscrito. Es el estado inmortal que se consigue después de eliminar todo rastro de *dukkha*.

En el budismo, términos como Liberación e Iluminación apuntan al estado del nibbana.

El conocimiento solo no va a hacer nada, ni siquiera es suficiente comprensión para la Iluminación; necesitáis razonamientos sensatos y experiencias verdaderas.

Cuando practicamos correctamente según la verdad de la Naturaleza, conseguiremos alcanzar la felicidad última y eterna.

Budismo práctico: poner el dhamma en práctica

*El budismo es una religión universal.
Puede ponerse en práctica por
cualquiera, de cualquier edad
y época*

Para beneficio de la gente con un mayor grado de comprensión, el Buda habló en términos del Óctuple Sendero Noble – correcta comprensión, correcto pensamiento, correcto discurso, acción correcta, correcta forma de vida, correcto esfuerzo, correcta atención y correcta concentración.

El óctuple sendero noble de Buda es el más excelente y preciado bien de entre todo el conocimiento humano.

El Óctuple Sendero Noble
es la cuarta de las Cuatro Nobles Verdades; es el camino hacia el cese del *dukkha*. Podemos caminar por este sendero de manera muy práctica, a través de la mejora de nuestra comprensión, comportamiento y concentración. En las siguientes secciones, Buddhadasa explica como poder hacer eso.

La verdad es para verla, no para creer en ella

Ver es creer, pero creer no es ver.

Por lo tanto, si nos atascamos en creer, no podremos ver la verdad.

Si alguien viene y nos dice algo, no debemos creerle sin preguntar. Debemos escucharle y examinar lo que ha dicho. Entonces, si lo encontramos razonable, puede que aceptemos provisionalmente pero siempre intentando verificarlo por nuestro lado. Esto es una característica importante del budismo que lo hace diferente al resto de las religiones del mundo.

Cualquier tipo de creencia es un estorbo para el *nibbana*, ya que el *nibbana* implica un total desapego.

Mantener un punto de vista con demasiada fuerza puede hacerte negligente.

Un auténtico seguidor budista no acepta nada ciegamente, ya que esa cosa es solo parte de la corriente de las causas y los efectos.

Damos la espalda a las cosas que nos deben beneficiar porque nuestras mentes están cerradas a cualquier cosa menos a nuestras ideas, creencias y puntos de vista.

Ten cuidado con la prisión de los puntos de vista propios.

Aferrarse a las ideas y opiniones de uno es bastante natural y normalmente no son condenadas o desaprobadas, pero no es un peligro menos grave que el apego a objetos codiciados y atractivos.

Es necesario que enmendemos continuamente nuestros puntos de vista, haciéndolos progresivamente más correctos, mejores, transformando falsas visiones por otras más cercanas a la verdad y, por último, por las visiones que forman parte de las Cuatro Nobles Verdades.

Solucionar problemas del mundo con un correcto entendimiento

Todo problema debe solucionarse a través del correcto entendimiento.
No debemos solucionarlos obstinadamente por medios económicos, bélicos o políticos como se ha hecho en todo el mundo. Hacerlo de este modo agrava el problema y crea un círculo vicioso.

Intercambiar *Dhamma* incluso durante las crisis o conflictos es la actividad apropiada para la situación actual del mundo de hoy. No perdáis mas el tiempo intercambiando culturas que apoyan engaños y egoísmos.

Hacemos propaganda para preparar al mundo entero para morir. ¿Por qué no podemos hacer propaganda para dejar de matarnos unos a otros?

El "Socialismo Dhámmico" es el corazón del *Dhamma* del Buda y de todas las religiones, aunque el mundo lo pase por alto. Eso implica vivir en comunidades honradas, buscar el beneficio de capitalistas y obreros y de todo ser viviente, incluyendo animales e incluso plantas, defendiendo el más fundamental principio que nos explica que somos camaradas en el nacimiento, envejecimiento, en la enfermedad y en la muerte.

Aunque hay mucha clase de gente, los debemos considerar con los mismos derechos a vivir en este mundo para así poder solucionar problemas sociales.

Producir en gran cantidad, consumir y almacenar moderadamente y dar el excedente para ayudar a los hombres
Estos son los ideales políticos budistas que pueden salvar al mundo.

Todo depende únicamente de la mente

Nuestra propia mente y su uso indebido: estos son nuestros verdaderos enemigos.

Así que dejad que lo que produce vuestra mente sea vuestro sirviente en lugar de ser vuestro amo.

Encontrad el modo de dejar de esperar algo. Vivid con sabiduría y atención; no viváis esperando algo.

Los verdaderos budistas no deben preocuparse ni por un simple dolor de cabeza, mucho menos por desórdenes nerviosos y enfermedades mentales. Esto es posible a través de la confianza en el principio que se encuentra en el corazón del *Dhamma* que nos dice que el "*tathata*", que significa "es así como es", o que las cosas son simplemente lo que son. Esto es el hecho natural de que todas las cosas suceden según sus causas y condiciones, y deben ser tratadas en consecuencia, sin extrañarnos ni sorprendernos por ello.

Si miráis cuidadosamente cualquier cosa que sucede, siempre hay ganancia y nunca pérdida, incluso en la muerte. Por lo tanto, ¿por qué preocuparnos por las pequeñas pérdidas? Sin embargo, los necios no saben cómo mirar las cosas que ocurren en sus vidas y convertirlas en lecciones hacia la sabiduría.

Tratar con los engaños

Vivir correctamente no es difícil; no está más allá de nuestra capacidad.

Bloquead los engaños para impedir que obtengan su sustento. Si queremos matar un tigre, le podemos dejar sin comida y se moriría de hambre por sí mismo.

El principio de la vacunación, dónde una bacteria es utilizada para curar el mal, se puede aplicar en la práctica del *Dhamma*. Cuando crece la codicia, dirigidla a la acumulación de bondad y méritos. Cuando aparece el odio, enfureceos con el engaño y con *dukkha*, haciéndolos vuestros enemigos y, de este modo, dirigirlos a su destrucción. Y permitid que el engaño nos sumerja en hacer el bien en lugar de caer en tendencias malévolas. Es posible utilizar estos engaños de manera productiva porque ya están completamente presentes en nuestras mentes como apuestas abiertas en el "juego" de la vida.

El papel de la moralidad

Si la moralidad no regresa, habrá una aniquilación mundial.

Si regresa, el mundo se volverá tranquilo y calmado, pero nadie está interesado en esto.

Las democracias que existen en el mundo no son totales por la carencia de moralidad de sus ciudadanos. Sin moralidad, las elecciones están amañadas, los políticos son deshonestos, el discurso que adoptan es también deshonesto y cuando se establecen en el gobierno, siguen siendo deshonestos.

La moralidad hace de nosotros buenas personas, comportándonos según los principios generales de la comunidad de la vida y de tal forma que no causemos dolor a otros o a nosotros mismos.

La moralidad no llega a eliminar el apego, la aversión y la ignorancia de modo que no te saca de dukkha. El budismo conduce directamente a la eliminación de los engaños; elimina los varios tipos de dukkha como el nacimiento, el envejecimiento, el dolor y la muerte.

La moralidad puede ser poderosa o perfecta solo cuando se basa en la verdad absoluta.

Trabajando con una mente vacía

Trabaja con una mente que no se aferra a nada y es libre de todo tipo de apego. A esto se le llama "trabajar con una mente vacía".

Haz trabajos de todo tipo con una mente vacía y entrega al vacío todos los frutos. Comed los frutos del vacío como lo hacen los seres sagrados, tu yo habrá muerto desde el principio mismo.

En un examen, olvidaos del "yo" que se está examinando y de quien pasará o fracasará. Debéis pensar de antemano la manera de pasar el examen y actuar según lo planeado, pero tan pronto como empecéis a escribir, debéis olvidaros de todo esto. Dejad solamente la concentración, la cual penetrará las preguntas y buscará las respuestas.
Una mente libre de cualquier "yo sólido" o "mío" que apruebe o fracase se erigirá ágil y limpia. Recuerda enseguida y piensa de manera entusiasta.
Así es como aplicar una mente vacía.

En la Biblia, San Pablo nos advierte:
"Dejad que aquellos que tienen esposa vivan como si no las tuvieran, y aquellos que lloran, como si no estuviesen llorando, y aquellos que se regocijan, como si no se regocijaran, y aquellos que compran, como si no tuviesen ningún bien,

y aquellos que tratan con el mundo, como si no
tuviesen trato con él"
(Cor. 7:29-31).

El vacío para los hombres, mujeres y niños sin
distinción, es ser claramente consciente de no estar
apegado a nada. El amor, el odio, el enfado, el miedo,
la preocupación, el deseo, la envidia y los celos no
deben ocurrir a través del sentimiento del "yo sólido"
y el "mío". Insistimos en que todo el mundo tiene la
consciencia y la fuerza necesaria para practicar esto
y que deberían practicarlo.

El "hombre vacío" es quien tiene una mente libre
de cualquier apego, aquel que no se aferra de un
modo ignorante a un "yo sólido", un "yo propio". Por
lo tanto, sed "hombres vacíos", seréis luz, estaréis
cómodos, inteligentes, libre de prejuicios y tendréis
una mente automáticamente lista para todo tipo de
trabajo.

Si haciendo algo nos vemos motivados por el deseo,
entonces estaremos preocupados mientras lo
hagamos y también cuando hayamos acabado;
sin embargo, si lo hacemos bajo la guía de la sabiduría
no debemos preocuparnos por nada.

*En tiempos de Buda, aquellos que actuaban
correctamente no estaban motivados por el deseo.
Estaban motivados por la sabiduría y el amor
universal.*

Esas personas son capaces de ir tras las cosas con el conocimiento seguro de que no se convertirán en esclavos de ellas.

Trabaja y vive con una mente vacía de ego. Cualquier tipo de trabajo os hará un poco más listos, incluso barrer la porquería.

El vacío según el *Dhamma* es extremadamente diferente del vacío según los gamberros, quienes no saben lo que realmente es el vacío y lo acusan de ser un estado donde no ocurre nada, de ser responsable por nada. De hecho, el vacío es el estado más apropiado para llevar a cabo todos los deberes de manera inteligente, correcta y generosamente. Por favor, tratad de conocer el verdadero vacío.

El deber es Dhamma

En última instancia, los cuatro significados del *Dhamma* se pueden sintetizar en uno, como el deber que, llevado a cabo correctamente según la ley de la Naturaleza, aplicado a la situación de uno, nos guiará a cada uno de nosotros a la paz, no importa dónde ni cuando sea practicado.

El *Dhamma* del templo y el *Dhamma* del campo de arroz son el mismo si se han llevado a cabo los deberes correctos para una sincera supervivencia o salvación.

El *Dhamma* es lo que llaman "el deber de todos los seres conscientes".

La vida es algo que debe llenarse de *Dhamma* hasta que esté a tope, esto es llenar cada paso de la vida haciendo los deberes de uno de manera correcta, desde el principio hasta que uno alcanza el fruto del nibbana.

Tener *Dhamma* toda la noche y todo el día no es tan difícil.

Cuando llevamos a cabo cualquier deber en la vida diaria, sed conscientes de que el deber mismo es *Dhamma*. Porque cuando el deber es capaz de eliminar todo tipo de problema y trae buenos y deseables resultados, su significado es exactamente el de la palabra *Dhamma*. El practicante, entonces, evita caer en *dukkha*. Por lo tanto, cuando los deberes se hacen durante todo el día, hay *Dhamma* durante todo el día. Incluso descansar es un deber que debe llevarse a cabo tanto como cualquier otro para tener la fuerza necesaria para hacer otras tareas.

Transforma tus deberes en un Paraíso. Si hay satisfacción cuando hacemos nuestras tareas, hay felicidad.

Si vais a hacer algo, consideradlo como *Dhamma* con vuestra mejor atención y comprensión. Preparad vuestro corazón y mente para hacer estas tareas lo mejor posible y lo más correctamente posible y luego contentaros con esas tareas.

Si hay Dhamma en todos los movimientos... hay gozo en todos los movimientos.
Debéis convertir cada trozo y partícula de vuestro trabajo en *Dhamma* plenamente conscientes de que la tarea misma es *Dhamma*. Cumplir con la tarea es practicar *Dhamma*. Entonces tenéis *Dhamma* en cada movimiento, en todo momento, en cualquier lugar. Todos tus trabajos serán tan gratificantes como jugar algún deporte. Una vez seáis felices en los trabajos que realicéis, no debéis entregaros a las casas de placer, la noche o las adicciones.

La práctica que parece no serlo es la práctica interna de estar satisfecho con el propio yo vacío, llevando

cualquier tarea en armonía con la ley de la Naturaleza
y trabajando por el bien del deber en lugar de hacerlo
por el beneficio del "yo sólido" o el "mío".

El *Dhamma* no son las letras de un libro ni la voz en
un discurso; el *Dhamma* es la correcta culminación de
una tarea, de cada practicante, en cada movimiento,
en cada momento y en todas partes.

El Dhamma es el Dios budista

El *Dhamma* es el sistema correcto de práctica de
cada ser humano, en cada etapa, desde el nacimiento
hasta la muerte, ambos por el beneficio propio y
por el de los demás. Resumiendo, el *Dhamma* es la
tarea, el deber – el verdadero Dios que nos ayuda a
salvarnos.

Crear el ojo espiritual

Tenemos cinco órganos sensoriales. Rápidamente, pero de manera ignorante, deducimos que el mundo tan solo consta de las cosas que son conocidas o sentidas a través de ellos.

Debemos tener como objetivo crear un órgano adicional que sea capaz de percibir las cosas más allá del mundo de los objetos sensoriales. Lo logramos penetrando en el mundo interno.

Que todos tengamos el ojo espiritual.

El mundo moderno está lleno de entretenimientos engañosos. Es un lugar difícil donde se pasan penurias a diario. Al no tener el ojo espiritual, no entendemos lo que ocurre y no vemos el poder que tienen todas estas atracciones sobre nosotros.

Tener solamente los ojos físicos no es suficiente. También tiene que haber el ojo de la vida. Este ojo espiritual es lo que los seres humanos debemos tener, sin él no seremos seres humanos de verdad. La humanidad no actuará correctamente, no sabrá hacia dónde dirigirse, qué hacer o saber algo de valor. ¿De dónde venimos? De nuestra propia ignorancia. ¿A dónde vamos? Hacia la Iluminación, hacia la directa realización del *nibbana*.

Aprendiendo en el interior

Por favor recordad estas palabras "aprended desde dentro".

Aplicaos vosotros mismos a este estudio interior y hacedlo con suficiente paciencia y resistencia.

Observad el coste de mirar desde fuera y el valor de hacerlo desde dentro. Interesaos en mirar desde dentro, el único modo de adentrarse en el *Dhamma*, en el budismo.

En budismo, el cielo y el infierno están aquí en los sentidos.

Conectas con el mundo a través de los ojos, orejas, nariz, lengua, cuerpo y mente. Porque tenemos ojos, orejas, nariz, lengua, cuerpo y mente, existe un mundo. Algunas situaciones problemáticas ocurren por entender mal la verdad de los ojos, orejas, nariz, lengua, cuerpo y mente, en otras palabras: entender mal al mundo.

Algunos occidentales inteligentes hacen el esfuerzo de venir a Suan Mokkh para aprender un tipo de meditación llamada "Meditación del Conocimiento o Sabiduría", *Vipassana*, para así vencer las ansias y los deseos evocados por nuestros ojos, oídos, nariz, lengua cuerpo y mente. Esto es el budismo real.

Meditación de la sabiduría

La meditación de la sabiduría, o Vipassana, se practica popularmente en Burma, Tailandia y en ciertas zonas de India. Se centra en construir la habilidad de la atención; que es la conciencia de uno mismo en el momento presente: el cuerpo y sus movimientos, emociones y sensaciones físicas, actividad mental y la Naturaleza de todo fenómeno. La meditación está diseñada para el desarrollo de la sabiduría a través de vislumbres de la Naturaleza de las cosas al examinarlas meticulosamente.

Meditar en la respiración puede llevaros directos al objetivo.

Todos vosotros tenéis que respirar. Lo que necesitáis ahora es ser conscientes de ello. Sed conscientes; es decir, tener la mente atenta a vuestra respiración.

No permitáis espacios vacíos donde la mente pueda deambular. Mantened la mente concentrada constantemente en la respiración: dentro y fuera.

La mente humana normalmente cae bajo la influencia del encantamiento que viene de los colores, formas, sonidos, olores, gustos y sensaciones táctiles. Solo en ciertas ocasiones es capaz de escapar de la influencia de estas seducciones y experimenta la tranquilidad y la bendición que surge practicando la concentración.

La verdad más elocuente es el hecho de que la calma
que proviene de la Meditación de la Sabiduría; es el
tema que debemos adoptar o practicar seriamente.
No es por mero conocimiento y memorización de
la metodología. Es para que practiquéis vosotros.
¿Para qué propósito?
Para que podáis solucionar los problemas que
realmente existen.

Practicamos la meditación para acelerar nuestra
consciencia y ganar control sobre la mente. Estos
dos méritos son más que suficientes ya que
todos los problemas tienen que ver con ellos. Si
tenemos consciencia y un buen control de la mente,
cuidaremos de todos los problemas que nos surjan.

La calma mediante la Meditación de la Sabiduría...
es el método preferido de Buddhadasa.
Desarrolla altos grados de concentración enfocando
en un objeto sensorial, normalmente la respiración,
mientras miramos también sus características (larga
o corta, áspera o fina, emociones relacionadas, etc.)
Este método es propicio para la sabiduría y nos
previene de caer en un trance, algo común en la pura
meditación de la calma.

Se dice, "el habla no es ruidosa; el silencio lo es".

*Cuando la mente está concentrada, tranquila y
quieta, la voz del Dhamma se oirá.*

*Mantener el control de la mente es entrenarla
constantemente en la atención.*

La atención tiene la facultad de habilitarnos para ser conscientes rápidamente.

Cuando somos glotones, la comida nos come; cuando somos conscientes, nosotros la comemos.
Sería mejor que observes tú mismo el modo en que comes, y que pienses en ello.

Una práctica que no es ni demasiado estricta ni demasiado permisiva, sino solamente moderada, es verdadera disciplina budista.

Esto es el también llamado Camino Medio en el budismo.

El deseo o la plegaria más correctas para nosotros es ser capaz de practicar Dhamma con nuestra mejor habilidad.

La verdad os hará libres

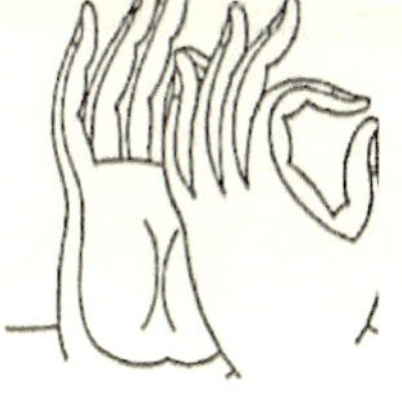

Para alcanzar la Iluminación, primero debemos
examinar las cosas de cerca para conocer y entender
su verdadera Naturaleza.
Luego debemos comportarnos de un modo
apropiado para con aquella verdadera Naturaleza.

La percepción de la verdad de cada persona
puede que cambie y se desarrolle con el incremento
progresivo de su grado de inteligencia, conocimiento
y comprensión, hasta llegar a la verdad última.

No hay muerte

Que todos nosotros rejuvenezcamos hasta que la
edad desaparezca.

El elixir de la vida es la verdad de la ausencia de un
yo sólido, o vacío.

¡No hay muerte!
Este cuerpo es demasiado pequeño para
Pretender que esté presente.
Cuando todo lo que sentimos es bondad y rectitud
en nuestras corazones iluminados, olvidaremos este
cuerpo y la muerte será completamente invisible.

Conocer el nibbana

Debéis ser capaces de contestar correctamente a la
pregunta: "¿qué es la paz?"
Si le preguntáis eso a un niño y a un adulto, la
respuesta será muy diferente. Si se la preguntáis a
un empresario y a un empleado, tendréis respuestas
que nunca coincidirán.
La paz es difícil de comprender.
La paz del cuerpo es meramente paz material;
la paz mental es solamente paz en la mente.
Para ser correcto, debe haber paz en ambos lados.

El *nibbana* debería ser considerado como algo
que la Naturaleza ha proporcionado para los seres
humanos.
Debemos saber que el *nibbana* y nuestras vidas no
están en conflicto.

La palabra *nibbana* significa "refrescar,
tranquilizarse"

Esta tranquilidad de corazón y paz mental que todo
el mundo anhela, son el significado de *nibbana*.
Según el Buda, el *nibbana* es el fin del deseo, el fin
del odio y el fin de la ignorancia, lo que significa el
apagón total de todos los fuegos y la mejor de las
calmas para nuestras vidas.

¿*Estáis listos para morir antes de morir?*

Cada vez que experimentáis la calma, marcadla
bien en vuestro corazón y respirad dentro y fuera.
Respirar hacia dentro es calma, respirar hacia fuera
es calma; dentro calma, fuera calma. Haced esto
durante un rato. Esta es la mejor manera de ayudar a
la mente a regresar a la Naturaleza.

Vivamos una vida de total extinción, una vida que
aplaque la llama del deseo, una vida tranquila.
Cuando nos quemamos, estamos muriendo. Una
persona que es caliente por dentro, es como un
demonio en el infierno.

*El nibbana es la muerte del ego antes de que lo haga
el cuerpo.*

Cuando nos peleamos debido a opiniones, orgullo,
vanidad o testarudez, nos muestra que hemos perdido
el contacto con el *nibbana*.

*Cuando nada molesta a la mente, hay verdadera
felicidad.*
Esto puede que os suene divertido, pero la ausencia
de estorbos es la auténtica felicidad.

*La vida sobrevive gracias a "nibbanas naturales
temporales"; de lo contrario, todos estaríamos
neuróticos o completamente muertos.*

Tenemos el *nibbana* como una necesidad para
sustentar la vida a todos los niveles, pero no lo vemos.

Si no tuvimos un período de tiempo en el cual la
mente estuviera libre de engaños (*nibbana* temporal),
estaríamos neuróticos o locos y ya hubiésemos
muerto hace tiempo.
Así pues, no debemos pensar que tenemos que
esperar diez, cien o miles de años antes de que
podamos alcanzar el *nibbana*, ya que, en realidad, ha
estado sosteniendo nuestras vidas todo el tiempo.

Uno debe controlar la vida diaria para que así esté
llena de *nibbana*, la tranquilidad de la calma.

*Ningún significado del nibbana tiene que ver con la
muerte.*

La mayoría espera recibir el sabor del *nibbana*
después de su muerte, sin embargo deberían recibirlo
aquí y ahora.

El *nibbana* puede encontrarse justo en el ciclo de la
vida, no como un destino externo como a menudo se
piensa.
La extinción del fuego está en el fuego; asimismo, la
extinción del *dukkha* está en sí mismo.

"La belleza está en el cadáver, la serenidad está en la
entrega, el monje está en la verdad, el *nibbana* está en
el morir antes de la muerte."

*El nibbana -la experiencia más tranquila y pacífica en
la cual no hay apegos- no cuesta ni un penique.
Jesús dijo muchas veces lo mismo. Nos invitaba a
beber el agua de la vida que nos sale gratis.*

Además, decía que entrásemos en la vida eterna, lo que significa alcanzar el estado donde somos uno con Dios y, por lo tanto, no volveremos a morir.

El nibbana es una condición que no es comparable a cualquier otra.
Es diferente a cualquier condición mundana. De hecho, es la negación misma de la condición mundana. No podemos crear el *nibbana* porque va mas allá de todas las causas y condiciones, pero podemos crear las condiciones para llegar al *nibbana*, a saber, todas las acciones que conducen al abandonamiento de los engaños.

La ley de la Naturaleza, el vacío y el *nibbana*. Estos tres no tienen creador. Incluso Dios es incapaz de crearlos porque los tres tienen el mismo estatus que Dios.

Las dimensiones del dhamma. Metáforas del dhamma por Buddhadasa

El *Dhamma* como refugio

El *Dhamma* puede proporcionar refugio a aquellos
que están luchando en el mar del *dukkha*.
En el budismo, nos enseñan a confiar en el
Dhamma, no en otras cosas ni en otra gente, porque
la confianza en el *Dhamma* es lo mismo que la
autoconfianza.
Esta máxima puede estar más allá de la
comprensión de la gente común, cuya mayoría
quieren depender de otros y no se tienen en
cuenta a ellos mismos.

No hay otro refugio verdadero que no sea el
Dhamma.

Mientras nuestras mentes sean tan claras como el
cristal con el *Dhamma*, es muy fácil tener *Dhamma*
como refugio, o a nosotros mismos como refugio.
Si somos ignorantes confundiremos otra cosa con el
refugio.

El *Dhamma* como medicina

Consideremos el *Dhamma* como una medicina para
tratar enfermedades. Habréis oído hablar del término
"Medicina Dhammica" y puede que entendáis que
solo puede curar achaques mentales.
De hecho, el *Dhamma* es una medicina para curar
tanto las enfermedades del cuerpo como las de la
mente. Casi todos los tipos de males corporales son
a causa de la carencia de *Dhamma*.

Ahora consideremos el más difundido de los males, desorden estomacal y neurosis debido a la reducción de sangre suministrado al órgano. Cuando estamos preocupados, enfadados o tristes, el suministro de sangre que debe ir al estómago disminuirá. La persona con una mente sana, de manera natural gozará de un buen sistema digestivo.

El *Dhamma* puede servir como medicina para prevenir y para curar.

El Dhamma como sombra de un árbol.

La lucha de la vida de un hombre desde el nacimiento hasta la muerte, puede compararse a un viaje. Uno empieza el viaje cuando nace, avanzando con su deseo hasta el fin de su tiempo. Durante esta larga expedición, ¿qué sombra escogerá uno para cubrirse?

Uno debe estudiar y aprender cómo hacer que el *Dhamma* sea una sombra para su vida a través de su viaje, desde el principio hasta el final. Sería una lástima que uno recurriera a otra cosa, puesto que la mayor calma solo puede encontrarse bajo la sombra del árbol del *Dhamma*.

El Dhamma como hogar

Necesitamos un sitio donde morar. Si no tenemos morada, ¿cómo lo haremos?

Si vuestra mente no tiene sitio para vivir, vuestro cuerpo será como si fuera un sin-techo.

Espiritualmente, una mente sin un hogar de Dhamma,
tendrá problemas como los que tiene un sin-techo.
Es inútil para cualquier persona el hecho de vivir en
un castillo increíble si su mente carece de Dhamma.
Solo sufrirá por tener ardientes deseos. Por lo
tanto es necesario para uno encontrar primero una
morada para su mente para que después pueda vivir
felizmente en una casa.
Solo después de haber encontrado un hogar
para vuestra mente, el sitio en el que vivís será
verdaderamente beneficioso.

El Dhamma como una mosquitera

Tener Dhamma es como experimentar la seguridad
que te proporciona una mosquitera, evitando que los
mosquitos entren y te piquen.

El Dhamma como alimento

Puesto que no solo tenemos el cuerpo sino también
la mente, necesitamos comida material y también
espiritual. Si solo tomamos comida material será
como contraer un trastorno mental o alguna
enfermedad similar.
Con Dhamma, si tuviésemos que morir de hambre, lo
haríamos en paz.
El Dhamma proporciona alimento a la vida.

El Dhamma como un jardín de flores

Según un dicho de Buda, el Dhamma se puede
comparar a un jardín lleno de preciosas flores de todo

tipo que pueden cogerse según la preferencia de cada uno. Si alguien es incapaz de elegir o incluso de coger solo una, es seguramente debido a su estupidez.

El Dhamma como un cristal de los deseos

No busquéis lo que queréis a partir de cualquier lugar o cualquier cosa que os pueda traer problemas y *dukkha*. Mirad al *Dhamma* como la fuente de todo lo que deseéis, o como un cristal de los deseos que puede hacer asequible aquello que necesitáis.

El Dhamma como espejo

La mayoría de personas se mira al espejo para ver cómo lucen o qué les falta, creando lo que quieren ver. Pero un espejo común no puede ayudarnos a la hora de saber qué está bien y qué está mal, qué es apropiado y qué no lo es. Así que a veces, somos falsamente conducidos al sendero de los engaños, de dónde es muy difícil escapar. Es así porque el espejo que usamos es deshonesto y engañoso.

Por lo tanto, dejemos que el *Dhamma* sea el espejo en el cual nos miramos cada día. Si usamos el *Dhamma* como espejo, seguiremos el camino correcto y nos conoceremos y entenderemos bien a nosotros mismos.

Algunas palabras de inspiración para acabar

Dad a las personas la oportunidad y medios para ayudarse a ellos mismos; esto es realmente dar el "regalo del Dhamma"

Nunca os decepcionéis de por qué tan poca gente esté interesada en el *Dhamma*.
Si la gente se opone a traer el *Dhamma* al mundo porque piensan que es imposible, eso depende de ellos. Nosotros debemos extinguir todo *dukkha* practicando *Dhamma* al máximo.

El sistema de sabias y conscientes acciones que de manera maravillosa extinguen *dukkha* de nuestros corazones, como dijo el Buda, es auténtico arte budista, con belleza y esplendor al principio, en el medio y al final.

Para un mundo pacífico, la moralidad debe regresar; para un mundo Iluminado, el *Dhamma* supremo debe regresar.

Que todos nosotros apreciemos un objetivo especial: tarde o temprano, habrá una era donde el mundo será perfecto en el *Dhamma* a través de que todos lleven a cabos sus tareas, a través de que todos sean claramente conscientes en sus corazones que el deber correcto es el *Dhamma*;
el *Dhamma* que nos ayudará a mantenernos alejados de los problemas.

No malgastéis la oportunidad de haber nacido como ser humano y de haber encontrado las enseñanzas del Buda.

Cada uno de nosotros tiene la consciencia y la sabiduría para alcanzar el *nibbana*. ¡No lo malgastéis!

100 *Consejos de un sabio*

Cada uno de nosotros tiene la consciencia y la sabiduría para alcanzar el *nibbana*. ¡No lo malgastéis!

ACERCA DEL AUTOR

"Buddhadasa", el nombre que él mismo eligió, significa "esclavo o sirviente de Buda", y se sabe que a lo largo de su vida fue exactamente eso; muy pocos han hecho tanto por cumplir con el legado de Buda como el Maestro Buddhadasa.

Siguiendo la tradición, común entre los jóvenes tailandeses, Buddhadasa se hizo monje a los veinte años con la intención de dejarlo poco después para regresar a la sociedad. Sin embargo, las experiencias que tuvo como joven monje no sólo terminaron cambiando el curso de su vida, sino que además produjeron un gran impacto en el budismo tailandés, proyectándolo como un todo.

Al principio de su monacato, el talento excepcional de Buddhadasa se hizo rápidamente visible, y pronto se ganó una reputación por sus métodos innovadores sobre el estudio y enseñanza del *Dhamma*[2]. Parecía claro que la investigación y la exposición de la verdadera Naturaleza de las cosas se convertiría en el trabajo de su vida.

Una vez, un monje anciano le preguntó, "¿Cual es tu opinión sobre la vida?", Buddhadasa rápidamente contestó, "debo vivir para dar el máximo beneficio posible a la humanidad". Y eso mismo hizo, vivir en concordancia con el nombre que él mismo había seleccionado adecuadamente.

---

[2] Doctrina del budismo

Cuando se pide a un tailandés que describa a Buddhadasa, las características que mencionan invariablemente se pueden englobar en una o varias de las siguientes categorías:

Era único

A Buddhadasa hoy se le recuerda por su pensamiento verdaderamente único; destacó en la búsqueda de nuevas perspectivas del budismo y fue renombrado por proponer formas creativas de interpretar e impartir el *Dhamma*, acentuando siempre su carácter científico, sencillo y aplicable a todo el mundo.

Todavía se le recuerda como uno de los budistas más innovadores y vanguardistas, radical y revolucionario de nuestro tiempo. Designado por los medios como "el monje intelectual más provocativo del país", es uno de los más influyentes pensadores tailandeses modernos.

Era un experto autodidacta

La educación oficial de Buddhadasa no pasó del noveno grado, ya que tuvo que hacerse cargo del negocio familiar; sin embargo, nunca decayó su entusiasmo por el estudio independiente. Durante la adolescencia, su pasatiempo favorito era formar grupos de debate para hablar sobre el *Dhamma*. Tenía seguidores en su vecindario debido a su habilidad para explicar el *Dhamma* de una forma clara e interesante, incluso antes de que fuera ordenado.

Después de su ordenación, Buddhadasa estudió lo necesario para su condición de monje y mucho más. Gracias al estudio de las escritos budistas originales (el Canon Pali), pasando por los comentarios y tratados asociados sobre la meditación, las escrituras de otras escuelas y otras tradiciones religiosas, se convirtió en un experto no sólo en budismo tailandés, sino también en estudios religiosos en general. Siete universidades han reconocido los esfuerzos de Buddhadasa otorgándole el doctorado honoris causa.

Sin embargo, su sed de conocimientos sobrepasó el ámbito religioso. Por propia iniciativa, adquirió habilidades en inglés, poesía, arquitectura, ciencias, historia del arte, literatura, fotografía y radio. Integró todos estos conocimientos en sus enseñanzas y desarrolló métodos de vanguardia para hacer el *Dhamma* más accesible a todos. Mediante charlas, artículos, notas, poemas, diapositivas, dispositivos visuales, esculturas y pinturas, probó todas las vías posibles para aumentar la efectividad de la propagación del *Dhamma*, aunque siempre teniendo en cuenta que las mejores lecciones provienen de la propia práctica.

Era un auténtico practicante

Durante su carrera como monje, Buddhadasa tuvo muchas oportunidades de establecerse en la ciudad donde había muchas más comodidades materiales. Pero rechazó todas esas ofertas y eligió en su lugar seguir los pasos de Buda; retirarse al bosque para meditar y estudiar el *Dhamma*, de forma teórica y a la vez práctica, aislado durante seis años...

En consonancia con todo esto, en 1932 creó Suan Mokkhabalarama[3] (la arboleda del poder de la liberación), cerca de su pueblo al sur de Tailandia, en un emplazamiento natural donde la voz del *Dhamma* se puede oír más fácilmente.

Durante este período de seis años, su práctica siguió rigurosamente las escrituras, manteniendo un aislamiento virtual, y analizó las huellas de su propio progreso de forma sistemática, de tal manera que fuera capaz de asimilar el conocimiento del *Dhamma* y desarrollarlo y aplicarlo de forma efectiva.

Después, a pesar de haber alcanzado la fama como monje erudito de gran reputación, Buddhadasa nunca abandonó la práctica del *Dhamma*, lo cual para él era un objetivo tan importante como su divulgación. Sus enseñanzas sobre "el deber es el *Dhamma*" enfatizan el carácter empírico de esta filosofía, y muestran cómo cualquiera puede ponerlo en práctica, y muestran también el gran potencial que tiene a la hora de proporcionar beneficios a la gente.

Era un escritor prolífico

A lo largo de su vida, Buddhadasa hizo de la composición escrita un objetivo sin fin. Antes de dejar este mundo, su determinación consistía en producir tanto material de referencia para el estudio del *Dhamma* como pudiera.

Es el autor de innumerables obras, y continúa siendo el autor tailandés más traducido. Su producción

---

[3] Una especie de escuela monasterio en el bosque del sur de Tailandia

literaria es tan prolífica que sus libros ocupan una sala entera de la Biblioteca Nacional de Tailandia, y además se está construyendo un edificio para albergar todos sus archivos.

Es innegable que Buddhadasa era un incansable trabajador, tal y como se desprende de las palabras de Santikaro Bhikkhu, un conocido discípulo americano: "El honorable maestro era un pensador y escritor prolífico hasta el último día de su vida. Durante la ruta de las limosnas (ritual matutino en el que los monjes salían a pedir donaciones de comida) anotaba en su mano los pensamientos del *Dhamma*. Ensayaba la fraseología para muchos de los proverbios *Dhamma* que luego se harían célebres en cualquier pedazo de papel que encontraba a mano, y llenó cientos de cuadernos de notas con referencias al Pali, interrogantes para un estudio posterior, poemas, ideas, u otras cuestiones".

Buddhadasa murió en 1993 después de sufrir una serie de ataques al corazón y apoplejías. El infarto final le sobrevino mientras preparaba unas notas para una charla sobre el *Dhamma* que iba a dar dos días después en su cumpleaños. Uno de sus discípulos dijo después que incluso durante el infarto, estaba tranquilo y continuaba con sus notas. Un final como este sin duda demuestra una vez más, esta vez de forma mucho más literal, que Buddhadasa se mantuvo como un denodado "sirviente de Buda" hasta su último aliento de vida.

SOBRE ESTE LIBRO

En los 67 años que dedicó a ser monje budista, el Maestro Buddhadasa Bhikkhu creó un rico y prolífico cuerpo de trabajo, enseñanzas que abarcaron cientos de lecturas y escrituras. El contenido es, a menudo, de una profunda Naturaleza y complicado para la comprensión de los principiantes. Adicionalmente, estos trabajos tienen puntos en común y repeticiones, ofreciendo diferentes ángulos y analogías para explicar los mismos conceptos generales.

El Maestro Buddhadasa enseñó mayoritariamente en tailandés; sin embargo, la atracción universal de sus enseñanzas no podía ser subestimada. Cuando uno enseña la verdad sobre la Naturaleza, es para beneficio de todas las nacionalidades. Eran, por lo tanto, tiempos en los que gente de otros países, incluyendo occidentales, visitaban Suan Mokkh, el monasterio donde Buddhadasa residió y enseñó, para aprender de él. Muchos de estos estudiantes tradujeron los trabajos de Buddhadasa y transcribieron sus lecturas al inglés con la intención de ayudar a que su mensaje pudiera llegar a todo el mundo.

Esta recopilación de citas sirve como introducción concisa y, al mismo tiempo, de largo alcance para las enseñanzas de Buddhadasa. Nosotros hemos seleccionado cuidadosamente extractos de docenas de sus lecturas y composiciones. Haciéndolo, hemos intentado ser más minuciosos en la amplitud que con la profundidad, revisando muchas de sus enseñanzas en lugar de seleccionar solo de unas pocas, con la intención de animar a futuras lecturas de una más profunda Naturaleza. También decidimos seleccionar enseñanzas que son de una importancia y un atractivo universal, tratando los asuntos que preocupan al individuo, la sociedad y la Naturaleza.

La gran mayoría de estas citas son versiones editadas de aquellas encontradas en previas traducciones al inglés, aunque las fuentes tailandesas originales fueron verificadas cuando se dieron lugar ambigüedades lingüísticas o cuando fue necesaria la clarificación de una enseñanza recibida. Desafortunadamente, las copias de la mayoría de estos libros solo están disponibles a través de propio Suan Mokkh. Sin embargo, para contento de aquellos que buscan aprovecharse de una profunda comprensión de las enseñanzas de Buddhadasa, Publicaciones Amarin está en el proceso de volver a publicar muchos de estos trabajos vitales, haciéndolos más accesibles en Tailandia y en el resto del mundo.

En ocasiones, Buddhadasa utilizó términos técnicos budistas en sus lecturas y composiciones, las cuales son presentadas de vez en cuando en el lenguaje Pali, que fue el lenguaje con el cual el Buda impartió sus discursos. Dichos términos fueron eliminados y substituidos con el más próximo equivalente inglés.

Como resultado de incluir enseñanzas de una multitud de trabajos, la audiencia y los términos utilizados para identificarlos cambian. Pedimos disculpas por los reiterados cambios en lo referente a "vosotros", "nosotros", "ellos", "uno", "hombre", etc... Hemos hecho todo lo posible para encontrar un equilibrio entre mantener la autenticidad de las citas y conectándolas entre ellas de manera apropiada y fluida.

Nuestro agradecimiento debe extenderse a la Fundación *Dhammadana* por suministrarnos las fuentes, las cuales en muchas citas son muy difíciles de obtener, y a los traductores de estas obras que con mucho esfuerzo intentan mantener la autenticidad de las enseñanzas y el sabor de su entrega, vivo.

Las visiones de Buddhadasa vienen de sus propias experiencias, primero como budista erudito y más tarde desde su meditación y prácticas austeras en el paraje natural de Suan Mokkh.

Esperamos que encontréis honestas y verdaderas sus enseñanzas al igual que importantes y beneficiosas. Esperamos que su "Consejos de un Sabio" toque vuestro corazón en un modo de lo más profundo como lo ha hecho en los nuestros y en otros millones en Tailandia; por supuesto, es nuestro deseo que a través de este libro apreciéis porqué Buddhadasa es recordado como uno de los grandes maestros espirituales del siglo XX.

Publicaciones Amarin

SOBRE SUAN MOKKH

Buddhadasa Bhikkhu fundó Suan Mokkha-balarama (El Jardín del Poder de la Liberación), o simplemente "Suan Mokkh", en el terreno de un monasterio abandonado cerca de su pueblo natal Pumriang, al sur de la provincia tailandesa de Surat Thani. Estableció este centro como cuartel general para el estudio de la verdad de la Naturaleza en los alrededores, juntando a la gente con la Naturaleza. Su propósito era cumplir con sus objetivos de vida:

- Ayudar a la gente a comprender la esencia de su propia religión.
- Crear un entendimiento mutuo entre todas las religiones.
- Liberar a la humanidad de la represión del materialismo.

Suan Mokkh no sólo actúa como un santuario fresco en medio de un mundo caldeado, sino que también sirve como complejo de entretenimiento espiritual de todo tipo, albergando instalaciones dirigidas a proporcionar estímulos espirituales a los visitantes tailandeses, incluyendo el Teatro Espiritual –uno de los primeros proyectos sobre entretenimiento educativo en la historia de Tailandia.

Mientras que Suan Mokkh desempeña la doble función de "tierra sagrada" y a la vez de "Disneylandia espiritual" para tailandeses, la Ermita Internacional del Dhamma Suan Mokkh, el último proyecto de Buddhadasa, es un centro dedicado a ayudar a la gente que viene de otros países y que hablan otras lenguas en busca del significado de la vida y de consultas espirituales.

Visitantes de todo el mundo son bienvenidos a Suan Mokkh Internacional para experimentar el sabor de la verdad natural. Los anfitriones angloparlantes les darán la bienvenida a su llegada y les iniciarán en el Dhamma de una forma fácil y práctica, también les animarán a participar en un retiro de meditación diseñado especialmente para principiantes.

Buddhadasa no está a favor de enviar Maestros espirituales de oriente para enseñar el budismo en países de occidente. Más bien, cree que para que el budismo se desarrolle fuera de Asia, los occidentales son los que deben llevarlo hasta sus manos y corazones, y son los que deben esparcir las enseñanzas por sus propios países. Por lo tanto, dedicó gran parte de su atención a impartir un conocimiento correcto de los principios del budismo y su práctica a los no asiáticos, para que puedan transmitírselo a su propia gente a su manera.

Suan Mokkhabalarama
Chaiya, Surat Thani 84110 Tailandia.
Tel. (6677) 431596, (6677) 431661-2
Fax (6677) 431597
Email: *Dhammadana@hotmail.com*
www.suanmokkh.org